Hawaiian

Nā pua lā a Hoalohaloha.

He Haawina no ka Hoomanawanui

Marcy Schaaf

Sunflowers
and
Friendships:
A Lesson in Patience
Marcy Schaaf

Dedication

To my sister Laura,

For sharing this funny true story and inspiring this heartfelt tale. Your love for sunflowers and your unwavering patience taught me a valuable lesson about life and friendship. Thank you for always being a source of laughter and inspiration. This story is as much yours as it is mine.

Love you more,
Your little sister

Laura loved sunflowers. She dreamed of a big sunflower field.

Ua makemake ʻo Laura i nā sunflowers. Ua moeʻuhane ʻo ia i kahi māla pua lā nui.

"One day, I'll have my own sunflower field,"
she said.

"I kekahi lā, e loaʻa iaʻu kaʻu māla pua lā,"
wahi āna.

She imagined bright yellow sunflowers
everywhere.

Ua noʻonoʻo ʻo ia i nā sunflower melemele
ʻulaʻula ma nā wahi āpau.

Laura decided to make her dream come true.

Ua hoʻoholo ʻo Laura e hoʻokō i kāna moeʻuhane.

She planned to turn her yard into a
sunflower field.

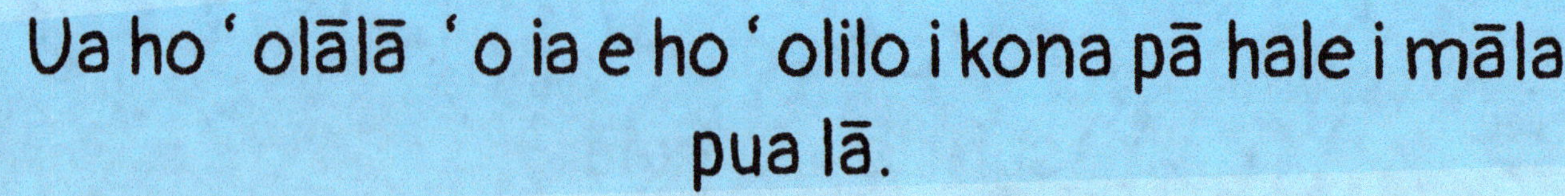
Ua hoʻolālā ʻo ia e hoʻolilo i kona pā hale i māla pua lā.

First, Laura removed the grass by hand.

ʻO ka mua, wehe ʻo Laura i ka mauʻu ma ka lima.

She used a shovel, working hard every day.

Hoʻohana ʻo ia i kahi ʻō, hana ikaika i kēlā me kēia lā.

Next, she rototilled the dirt to loosen it up.

Ma hope aʻe, hoʻopau ʻo ia i ka lepo e wehe.

Laura added compost to the soil.

Ho ʻohui ʻo Laura i ka compost i ka lepo.

She knew it would help her sunflowers
grow strong.

Ua ʻike ʻo ia he mea kōkua ia i kāna mau pua lā e ulu ikaika ai.

Then, she planted 400 sunflower seeds carefully.

A laila kanu ʻo ia i 400 mau ʻanoʻano pua lā.

Each seed was placed with love and hope.

Ua kau ʻia kēlā me kēia hua me ke aloha a me ka mana ʻolana.

Laura watered the seeds every day.

Hoʻoinu ʻo Laura i nā hua i kēlā me kēia lā.

She watched and waited for them to grow.

Nānā ʻo ia a kali iā lākou e ulu.

Laura was excited and kept caring for them.

Ua hau'oli 'o Laura a mālama mau iā lākou.

One day, Laura noticed weeds growing.

I kekahi lā, ʻike ʻo Laura i ka ulu ʻana o ka mauʻu.

She started weeding the sunflower field.

Ua hoʻomaka ʻo ia e ʻohi i ka māla pua lā.

Hours passed as she pulled out the weeds.

Ua hala nā hola i kona huki ʻana i ka mauʻu.

Laura was proud of her hard work.

Haʻaheo ʻo Laura i kāna hana nui.

But something didn't seem right.

Akā ʻaʻole i kūpono kekahi mea.

She researched on her phone.

Ua noiʻi ʻo ia ma kāna kelepona.

Laura was shocked!
She had pulled out the sunflowers.

Pīhoihoi ʻo Laura!
Ua huki ʻo ia i nā pua lā.

She realized she had left the weeds.

Ua ʻike ʻo ia ua haʻalele ʻo ia i ka mauʻu.

Laura felt sad and frustrated.

Ua kaumaha ʻo Laura a me ka huhū.

She learned she needed to be patient.

Ua aʻo ʻo ia he pono e hoʻomanawanui.

If she had waited, she could tell the difference.

Inā ua kali ʻo ia, hiki iā ia ke ʻike i ka ʻokoʻa.

Just like with sunflowers, people need time too.

E like me nā sunflowers, pono nā kānaka i ka manawa.

We need patience to see who will be a true friend.

Pono kākou i ke ahonui e ʻike i ka mea e lilo i hoaaloha ʻoia ʻi ʻo.

Be aware of red flags like unkindness or dishonesty.

E maka'ala i nā hae 'ula 'ula e like me ke aloha
'ole a i 'ole ka 'oia 'i 'o.

With patience, you will find
the best friends for you.

Me ka hoʻomanawanui, e ʻike ʻoe i nā hoaaloha maikaʻi loa no ʻoe.

The End
Ka hopena

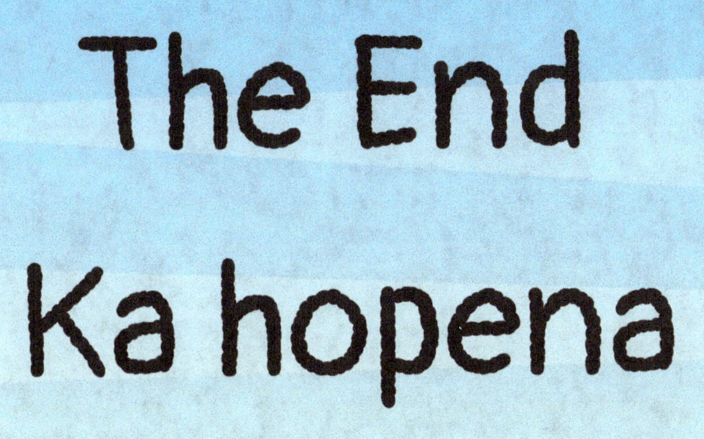

This true story is about my sister Laura
see how unhappy she looks after pulling
all the sunflowers out!

ʻO kēia moʻolelo ʻoiaʻiʻo e pili ana i koʻu kaikuahine ʻo Laura e ʻike i kona hauʻoli ʻole ma hope o ka huki ʻana i nā pua lā!

Books By Schaaf

www.BookBySchaaf.com

Find us at: